Contraste insuffisant
NF Z 43-120-14

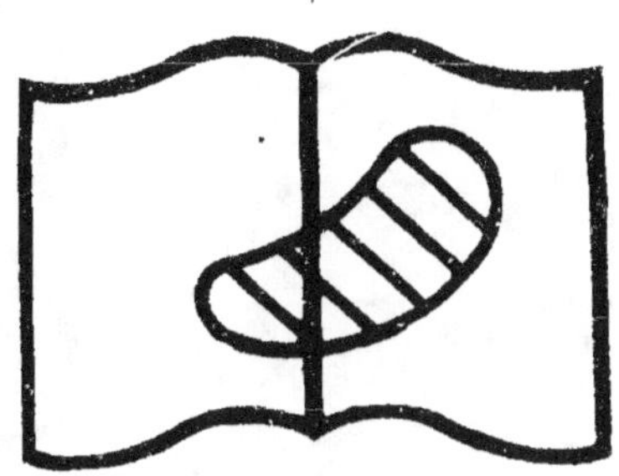

Illisibilité partielle

Valable pour tout ou partie
du document reproduit

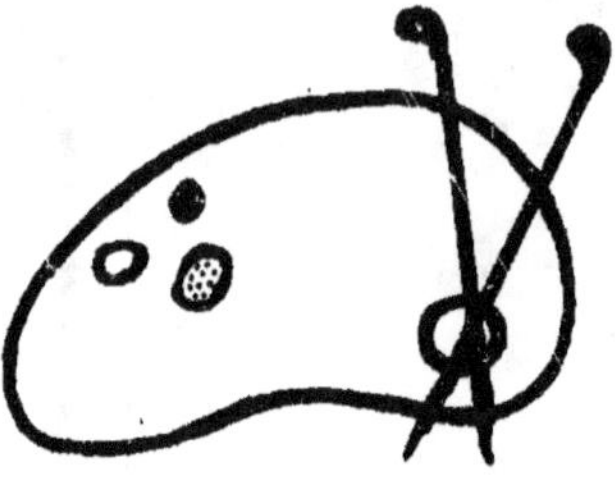

Original en couleur

NF Z 43-120-8

Monnaies mérovingiennes.

MONNAIES MÉROVINGIENNES

(Pl. II)

Toutes les monnaies étudiées dans cet article ont été récemment acquises par le Cabinet de France. Je suivrai, pour les décrire, l'ordre des provinces de la Gaule.

1. + AVCVSTIDVNO FIT. Buste de profil à droite.

℟. FIIO. RVS MOИITRS FI. Croix haussée sur deux degrés.

Tiers de sou d'or, brisé. Poids : 1,30. (Pl. II, 1.)

J'ai signalé ce tiers de sou dans le *Catalogue des monnaies mérovingiennes d'Autun*, page 13, note 1. C'est une variété de celui que j'y ai décrit et fait reproduire sous le n° 3. La légende du revers n'a pas été jusqu'ici déchiffrée. Je puis maintenant proposer une lecture. Ce qui embarrassait les numismatistes, c'était la présence d'un caractère qu'on prenait pour deux M de forme onciale liés l'un à l'autre. Mais si l'on y voit un groupe de lettres cursives étroitement unies, l'interprétation en devient facile. On trouve d'abord un T lié à un R ; le jambage de l'R se relie par une courbe en forme de S, placé horizontale-

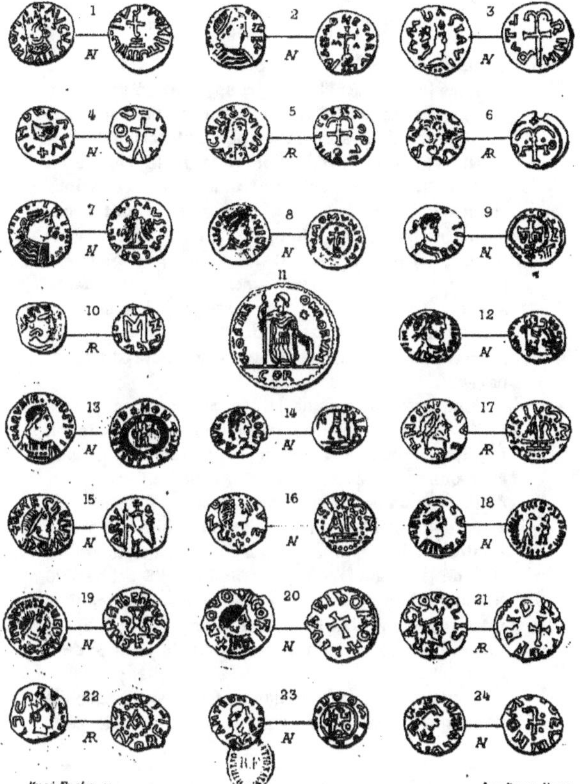

MONNAIES MÉROVINGIENNES

ment, à un F auquel est appendu un I. On obtient
ainsi les lettres TRSFI. Le groupe TRS étant placé
après les lettres MONI, il est évident que nous sommes
en présence d'une abréviation par contraction du mot
MONIT[A]R[IV]S ; la réduction de la finale TARIVS en
TRS est très régulière ; car, dans les abréviations
latines les plus anciennes, les voyelles sont négli-
gées ; la charpente du mot, constituée par les con-
sonnes, subsiste seule ; est-il besoin de rappeler *eps*
pour *episcopus,* *scs* pour *sanctus,* *dns* pour *domi-
nus,* etc. Quant aux lettres FI que je lis à la suite de
TRS, c'est une abréviation de FICI ou FICIT qu'on
rencontre quelquefois à la suite du nom du monnayeur.

Il ne reste plus dans la légende que les lettres
FIIORVS, dont je fais le nom du monnayeur, nom qui
paraîtra moins étrange si l'on songe qu'il peut
être une dégénérescence de *Florus.* L avait sans
doute, sur un prototype non retrouvé, l'aspect d'un
V, comme sur un *triens* de Chalon publié par M. de
Ponton d'Amécourt [1], et par suite a donné naissance
à II, de la même façon que V de FIIORVS est devenu
II, sur le tiers de sou n° 6 du *Catalogue des monnaies
mérovingiennes d'Autun.* La légende du n° 3 de ce
même *Catalogue* montre clairement le passage de V
à II.

Le monnayage mérovingien offre un autre exemple
de l'emploi de l'écriture cursive. Il s'agit cette

---

[1] *Description raisonnée des monnaies mérovingiennes de Chalon-sur-
Saône,* pl. I, n° 12. (Extrait de l'*Annuaire de la Soc. de Numismatique,* t. IV.) Ce tiers de sou est celui dans la légende duquel nous
allons signaler l'existence d'un *a* cursif.

fois d'une lettre isolée, l'*a* en forme d'ω ou d'M
oncial renversé, sur la monnaie de Chalon, nº 12
de la planche I des *Monnaies mérovingiennes de
Chalon-sur-Saône*, par M. de P. d'Amécourt. C'est
la forme que présente souvent l'*a* dans l'écriture
des documents des vii⁰ et viii⁰ siècles, et spécialement dans l'éciture dite lombardique. Cet *a* est sorti
de l'*a* minuscule, ouvert à sa partie supérieure
à la façon d'*u*, par la simple exagération du trait
final.

2. ✝ MATACONE. Buste diadémé, de profil à
droite.

℞. ✳ IVSEF MONETARIVS. Croix, accostée des
lettres M Λ, au-dessus d'un globe.

Tiers de sou d'or. Poids : 1,38. (Pl. II, 2.)

Ce tiers de sou, frappé à Mâcon, est celui qui est
décrit dans le catalogue de la *collection Hoffmann*
(vente du 2 mars 1887) sous le nº 171.

La légende du revers prouve que le nom *Juse*,
qu'on lit sur d'autres *triens* de la même cité, est bien,
comme l'a supposé M. Charles Robert[1], l'abréviation de *Jusefus* pour *Josefus*.

3. ΛMЬΑCIΑ VI· Buste diadémé de profil à droite.

℞. PATVRNIN. Croix ancrée fichée sur un trait
vertical.

Tiers de sou d'or pâle. Poids : 1,27. (Pl. II, 3.)

C'est le tiers de sou décrit dans le catalogue de
la *collection Hoffmann* déjà cité, sous le nº 145.
Cette monnaie a été frappée à Amboise, en Tou-

---

[1] *Monnaies de Mâcon*, dans *Revue numismatique*. nouv. série, t. V
(1860), p. 463.

raine. Signalons dans la légende du droit l'emploi d'un *b* minuscule.

4. + ANDE CAV. Buste barbare.

℞. b — ////// CO. Croix sur un piédestal triangulaire.

Tiers de sou d'or. Poids : 1,09. (Pl. II, 4.)

Ce tiers de sou a été indiqué d'abord dans le catalogue de la *collection Gariel*[1] sous le n° 366, puis dans le catalogue Hoffmann sous le n° 147. Dans l'un et l'autre catalogue, la légende du revers a été lue COG-TVIT ; lecture qui ne peut être admise.

Il faut attendre, pour connaître le nom du monnayeur, qu'on ait découvert un exemplaire mieux conservé. La syllabe CO me paraît être la dernière du nom. L'intérêt de cette pièce est dans la barbarie du dessin de la tête.

5. CHLODOVIVS RE. Buste diadémé, de profil à droite.

℞. VILLEBERTO PAR. Croix ancrée à branches égales, au-dessus d'un globe.

Tiers de sou d'argent autrefois doré. Poids : 1,18. (Pl. II, 5.)

On ne peut pas douter que ce tiers de sou, faux de l'époque mérovingienne, ne soit une imitation des tiers de sou qu'on attribue à Clovis II.

C'est le n° 350 du catalogue de la *collection Gariel*.

Nous ne citerons que pour mémoire un denier d'argent de Paris, acquis par le Cabinet de France à la vente Hoffmann. (Catalogue, n° 188.)

[1] Catalogue de vente de la *Collection E. Gariel. Monnaies françaises*. Paris, 1885, in-8.

6. PA[RI]SIVS. Buste de profil à droite.

℞. Croix ancrée avec pendentifs aux bras, accostée de deux globules et deux anneiets, le tout dans un cercle fermé à sa partie supérieure par une croisette.

Denier d'argent. Poids : 0,98. (Pl. II, 6.)

7. D· N· IVƧTIИIANVƧ. Buste diadémé de profil à droite. Dans le champ, à droite, CO.·

℞. VICTVRIΛ ΛVGTVR. A l'exergue CON, rétrograde. Victoire de face, tenant dans la main gauche une couronne, et dans la droite une croix, au-dessous de laquelle les lettres I A.

Tiers de sou d'or. Poids : 1,42. (Pl. II, 7.)

Cette monnaie porte, dans le catalogue Hoffmann, le nº 160. C'est probablement l'exemplaire qui avait figuré à la vente Gariel sous le nª 397.

Un tiers de sou d'or analogue a été publié par M. de Ponton d'Amécourt, dans l'*Annuaire de la Société de Numismatique*, t. V (1877), p. 37. Les différences entre les deux *triens* portent sur les légendes du revers ; le *triens* publié par M. de P. d'Amécourt offre la légende VICTORIΛ ΛVCOS ; CON à l'exergue n'est pas rétrograde ; enfin, dans le champ, les lettres IA, gravées sur le *triens* du Cabinet de France, font défaut. Il est probable que ces deux tiers de sou ont été frappés à Cologne, comme semblent l'indiquer les initiales CO gravées dans le champ au droit.

On connaît un autre tiers de sou imité d'une monnaie de Justinien et sorti certainement de l'atelier de Cologne.

C'est celui que M. d'Amécourt a publié dans le tome V de l'*Annuaire*, p. 41 ; au droit, le monnayeur a effacé les lettres **DN IVSTINI** pour leur substituer le mot **COLONIA**, de façon à donner la singulière légende **COLONIA ANVS PPAVG·**

8. **ALBIN + NO FIT·** Buste diadémé, de profil à droite.

℞. **+..... ᴐOMO MVNITARI** entre un cercle et un grènetis. Croix accostée des lettres numérales **VII**, haussée sur deux degrés.

Tiers de sou d'or. Poids : 1,35. (Pl. II, 8.)

C'est le tiers de sou décrit dans le catalogue de vente de la *collection Gariel* sous le n° 360.

Le Cabinet de France possédait déjà un autre tiers de sou du même atelier ; il a été publié par Duchalais, dans la *Revue numismatique*, t. XII (1847), p. 109, et pl. V, n° 11. Duchalais a lu au revers **+ SONNO**; je crois plutôt qu'il faut lire **XSOMIO·**

Ainsi, **SOMO** et **SOMIO** sont évidemment la fin d'un même nom de monnayeur. Quant au nom de lieu, c'était sur le tiers de sou publié par Duchalais **ALBENNO**. Mais *Albenno* et *Albinno* sont deux variantes d'un même nom. C'est encore au même atelier qu'il faut rapporter le *triens* de la collection royale de Munich, qu'a fait connaître M. A. de Barthélemy, dans la *Revue numismatique*, nouv. série, t. IX (1864), p. 415, n° 5, et pl. XVII, n° 6, et qui porte en légendes, au droit : **ALBENNO FET,** et, au revers : **CELESTVS MON.**

Enfin, M. de Ponton d'Amécourt a publié [1] deux tiers de sou, dont l'un est une variante de celui

---

[1] *Excursion numismatique dans la Bourgogne*, dans *Annuaire de la Soc. de numismatique*, t. I (1866), p. 139, et pl. VIII, n°° 59 et 60.

de Munich, et l'autre offre les légendes ALBINNO FIT et MAXVMI...

Avec quelle localité moderne convient-il d'identifier la *villa* mérovingienne *Albinno* ou *Albenno*? Duchalais a proposé, avec quelque hésitation, Albon, dans la Drôme. Mais Albon, dans les textes latins du moyen âge, n'a jamais été désigné, que je sache, par *Albinnum* ou *Albennum*. M. d'Amécourt, après avoir adopté l'opinion de Duchalais [1], l'a ensuite abandonnée, pour se ranger à celle qu'avaient exprimée, en 1855, Plantet et Jeannez [2], à savoir qu'*Albenno* devait être identifié avec Aubonne, près de Pontarlier.

Plantet et Jeannez se réfutent eux-mêmes en donnant un texte de 1028 où Aubonne est dit *Albonna*. Comment *Albennum* serait-il devenu *Albonna*? M. d'Amécourt trouve le moyen de tourner la difficulté. « La forme féminine d'*Albonna*, qui a produit Aubonne, vient de ce que cette localité était qualifiée de *villa* au xiᵉ siècle ;... il est probable... qu'elle a pu s'appeler *Albonnus vicus*, ce qui justifierait la légende de nos monnaies [3]. » Cette hypothèse n'est pas vraisemblable.

Certes, le style des monnaies d'*Albennum* rappelle celui des monnaies de Besançon dont Aubonne est est très proche. Mais, comme l'a remarqué M. A. de Barthélemy, c'est plutôt encore dans la province romaine de Vienne qu'il faut chercher l'emplacement d'*Albennum* ou *Albinnum*.

[1] *Essai sur la numismatique mérovingienne*, p. 35.
[2] *Essai sur les monnaies du comté de Bourgogne*, p. 18.
[3] *Annuaire*, t. I, p. 139.

A mon avis, les *triens* frappés dans cette *villa*
doivent être rapprochés de ceux de la Tarentaise et
de Genève. Or, dans cette région, je trouve un lieu
appelé *Albinum*.

Je ne puis citer, il est vrai, qu'un document de
date assez récente, c'est le pouillé du diocèse de
Grenoble, rédigé en 1497, et publié par M. Marion
à la suite des *Cartulaires de l'église cathédrale de Grenoble*. Il y est question à plusieurs reprises de l'église
et du prieuré *de Albino*[1] dans le doyenné ou archi-
prêtré de Savoie. Une liste des bénéfices du diocèse
de Grenoble à la fin du xiv⁰ siècle donne la traduction
française d'*Albinum ;* parmi les bénéficiers du doyenné
de Savoie figure le prieur *de Albins*. Si l'on remarque
en outre que, dans le pouillé de 1497, l'église d'*Albinum* est toujours mentionnée à côté de celle de
Montmélian (*Montem Melianum*), l'on conviendra
qu'en dépit de la répugnance qu'un philologue peut
avoir à faire dériver *Albins* ou *Albens* d'*Albinum*, il
faut identifier, comme l'a fait M. Marion, *Albinum*
avec *Albens*, chef-lieu de canton de l'arrondissement
de Chambéry. Assurément, l'orthographe moderne,
Albens, aussi bien que celle du xiv⁰ siècle, *Albins*, est
fautive.

C'est cependant à ce village que j'attribue les
tiers de sou qui portent *Albenno* et *Albinno*. Son ter-
ritoire a d'ailleurs été fort anciennement habité. On
y a découvert en 1865 d'assez abondants vestiges
de la civilisation romaine[2].

Quant aux légendes incomplètes XSOMIO et SOMO.

[1] Voyez pp. 293, 294, 375 et 376.
[2] Voyez *Annuaire de la Soc. de numismatique*, t. I, p. 225.

inscrites au revers des deux *triens* d'*Albennum* conservés au Cabinet de France, peut-on les restituer? Je serais très disposé à y voir les restes de [MA]XSOMIO et [MA]SOMO. J'ai cité plus haut une monnaie d'*Albinno*, publiée par M. de Ponton d'Amécourt et au revers de laquelle on lit MAXVMI...

Maxumus a existé comme nom d'homme ; qu'il me suffise de citer une inscription de Narbonne, où ce nom est répété deux fois[1]. Plusieurs raisons m'empêchent cependant de voir dans l'inscription MAXVMI de la monnaie d'*Albinno* le génitif de *Maxumus*. Il convient de ne pas oublier que la légende du *triens* dont il est ici question est incomplète de moitié ou peu s'en faut, comme on pourra s'en convaincre en jetant les yeux sur l'image publiée dans l'*Annuaire de la Société de Numismatique*, t. I, pl. VIII, n° 60. En parcourant la *liste des noms d'hommes gravés sur les monnaies de l'époque mérovingienne*, dressée par M. Anatole de Barthélemy, on s'aperçoit bien vite que presque constamment les noms de monnayeurs sont, soit au nominatif, soit à l'ablatif. Quelques-uns ont l'apparence de génitifs et ne sont que des ablatifs où l'*i* s'est substitué à l'*e*, comme *Betoni*, qui est l'ablatif de *Beto*, *Alloni*, ablatif d'*Allo*. D'autres sont des abréviations, comme *Eligi* pour *Eligius*. Mais je dois reconnaître qu'il y a des noms qui, comme *Eusebii*, sont incontestablement des génitifs. Il n'en est pas moins vrai que ce sont là de très rares exceptions, et que, par suite, nous devons hésiter à tenir pour complète la forme MAXVMI. La légende pouvait

---

[1] Wilmanns, *Exempla inscriptionum latinarum*, n° 2193.

être *Maxumius* ou *Maxumio*. Et, entre ces deux
formes, je préfère la seconde, non seulement à cause
du rapprochement qui s'impose entre MAXVMI.... et
....XSOMIO, mais aussi parce qu'ayant eu l'occasion
de voir le *triens* publié par M. de P. d'Amécourt, j'ai
cru reconnaître, à la suite de MAXVMI, la partie supérieure d'un O et celle d'un M, ce qui donnerait
MAXVMIO M....

Que *Maxumio* ait pu être écrit *Maxsomio,* c'est ce
que savent tous les latinistes et spécialement les
épigraphistes. Les voyelles *u* et *o* sont continuelle-
ment employées l'une pour l'autre à l'époque mérovingienne [1]. Et, quant à la substitution du groupe *xs*
à *x*, c'est un fait connu. Sans recourir au *Corpus*,
qui nous fournirait de très nombreux exemples de ce
phénomène, je trouve dans Wilmanns, n° 610, l'orthographe MAXSVMVS pour *Maxumus*, et encore le
nom féminin MAXSIMA dans l'inscription n° 2055, et
MAXSVMA dans l'inscription n° 2487 (n° 6232
d'Orelli).

Je ne connais pour l'époque mérovingienne aucun
exemple de *Maxumius*, ni dans les historiens, ni
dans les inscriptions. Mais l'existence de ce nom
serait très probable, même si nous n'avions pas la
monnaie d'*Albenno,* car il est avec *Maximius* dans
la même relation que *Maxumus* avec *Maximus*. Or,
le gentilice *Maximius* a été porté comme nom unique
par des Gaulois du vi° ou du vii° siècle ; par exemple,
par un personnage lyonnais dont M. Le Blant a publié le *titulus* [2].

---

[1] Voyez Grégoire de Tours, édition Arndt, p. 926.
[2] Le Blant, *Inscriptions chrétiennes*, n° 48.

Sur le *triens* nouvellement acquis par le Cabinet de France, on n'aperçoit plus de la légende du revers que les lettres + ... **SOMO MVNITARI**. Entre la croix et l'**S** il y a place seulement pour deux lettres, que je suppose être **MA**.

Masomo est une altération de *Maxsomio*, altération d'autant moins étonnante que ce *triens* me paraît être une imitation de celui qui porte *Maxsomio*. De plus, la différence était sans doute à peine sensible entre les terminaisons *mio* et *mo;* à moins qu'on ne préfère supposer que le graveur maladroit a laissé tomber l'*i*. Quant à *s* substitué au groupe *xs* dans le corps d'un mot, je reconnais n'en pouvoir citer aucun autre exemple analogue. Mais Victorin[1], qui écrivait au IVe siècle, dit que l'*s* et l'*x* avaient des sons très voisins. Dès cette époque, l'*s* et l'*x* initiales se confondent; on trouve dans Commodien[2] *Xanta* pour *Sancta*. Aux temps mérovingiens, Grégoire de Tours écrit *senes* pour *senex*[3], et *locuplex* pour *locuples*[4]. Dans un acte de 873, *ximus* remplace *scimus*[5].

9. **BELIS** +..... **FIT**. Buste diadémé, de profil à droite.

℞. + **SANTOL[VS MVNE]** entre un cercle et un grènetis. Croix accostée des lettres numérales **VII**, au-dessus d'un degré.

Tiers de sou d'or. Poids : 1,14. (Pl. II, 9.)

---

[1] Cité dans Forcellini, édit. de Vit, v° X.
[2] *Instructiones adversus gentium Deos*, c. XXXV, vers 21.
[3] Grégoire de Tours, éd. Arndt, p. 204, ligne 3.
[4] *Ibidem*, p. 71, l. 18.
[5] Exemple cité par Du Cange, v° *Xire*.

Cette monnaie provient de la collection de feu M. A. Morel-Fatio. M. de P. d'Amécourt en a déjà publié un exemplaire sur lequel la légende du revers est complète[1]. En revanche, on ne lit au droit que **BELIS**, tandis que, sur l'exemplaire du Cabinet de France, on aperçoit la partie supérieure des lettres **FIT**. Assurément, cette pièce a été frappée dans la même région que les *triens* d'*Albenno ;* je pense donc qu'il convient de l'attribuer, comme a fait M. de P. d'Amécourt, à la ville de Belley.

10. Tête barbare de profil à droite.

℞. **ANSΕBE**.... Dans le champ, un grand **M**, au-dessus duquel une croisette.

Denier d'argent. Poids : 1,25. (Pl. II, 10.)

Ce denier porte dans le catalogue de vente de la *Collection Hoffmann* le n° 173 ; il y est attribué à Marseille. Je me propose de revenir plus tard sur tous les deniers du même genre.

11. **ARVERNO CI.** Buste diadémé, de profil à droite.

℞ **LEO.....** Personnage debout, tenant de la main droite une palme, de la gauche une haste.

Tiers de sou d'or. Poids : 1,28. (Pl. II, 14.)

Cette monnaie est celle qui a été décrite dans le catalogue de vente de la *Collection Gariel* sous le n° 392 et dans le catalogue Hoffmann sous le n° 156.

Un autre tiers de sou de Clermont qui faisait partie du Musée monétaire et qui est aujourd'hui dans les cartons du Cabinet de France (pl. II, 12)

[1] *Annuaire de la Société de Numismatique*, t. I, p. 131, et pl. VII, n° 43.

permet de retrouver l'origine du personnage figuré
au revers de la monnaie que nous venons de décrire. A première vue, il est assez difficile de déter-
miner la nature de l'objet sur lequel le personnage
appuie son bras gauche. On dirait une palme.

En rapprochant de la pièce arverne le revers
d'une monnaie d'argent d'Anastase, gravée dans
Sabatier, t. I, pl. IX, n° 2, et que nous reproduisons
ici (pl. II, 11), on se convaincra que la prétendue
palme n'est autre chose que le profil d'un bouclier.
L'artiste mérovingien a maladroitement copié le
revers de la pièce d'Anastase ou d'une autre analogue. D'autres orfèvres ont pris pour modèle le
tiers de sou arverne et, croyant voir une palme dans
la main gauche du personnage, ils ont, sur leur
copie, donné à cette palme une forme bien carac-
térisée. Ainsi a-t-on obtenu le second type de personnage que nous trouvons sur le *triens* du monnayeur *Areraudo* (pl. II, 13).

Une nouvelle dégénérescence nous conduit au
type du tiers de sou que nous avons tout d'abord
décrit.

Le personnage si souvent figuré au revers des
monnaies de Clermont a donc pour prototype l'empereur debout, tenant de la main droite une lance,
s'appuyant de la gauche sur un bouclier.

Cependant le Cabinet de France possède d'an-
cienneté un tiers de sou de Clermont qui porte au
revers une figure du même genre que celle que
nous venons d'étudier ; j'entends par là qu'elle
représente aussi un empereur debout ; seulement il
tient de la main droite une lance et de la gauche

une sorte de *labarum*; il procède donc d'un autre prototype; je n'ai pu le retrouver; mais l'ensemble du dessin et spécialement la forme du diadème, surmonté d'une croix, dont ce personnage est coiffé, me font penser qu'il faut en chercher le modèle parmi les pièces d'Héraclius. Je donne l'image de cette monnaie [1] (pl. II, 15).

Le Cabinet de France a acquis une autre monnaie de Clermont d'un type moins rare :

12. **ARVERNO CIV.** Tête diadémée, de profil à droite.

℟. **ЄODICIVS M ..,** entre un cercle et un grènetis. Dans le champ, les initiales **AR** au-dessus de deux traits horizontaux reliés par trois traits verticaux.

Tiers de sou faux, de l'époque merovingienne, en argent autrefois doré. Poids : 1,18. (Pl. II, 17.)

Un tiers de sou, celui-ci en bon or, conservé au Cabinet de France a pu servir de modèle au précédent [2]. C'est celui qui est dessiné sur notre planche sous le n° 16.

13. **GAVALORVM.** Buste diadémé de profil à droite.

℟. Deux personnages debout, affrontés, dans une couronne de feuillage.

Tiers de sou d'or. Poids : 1,34. (Pl. II, 18.)

Cette monnaie de Javouls est une variante de celle que MM. d'Amécourt et de Moré ont publiée dans les *Monnaies mérovingiennes du Gévaudan, Annuaire*

---

[1] On en trouvera un dessin dans Combrouse, *Monétaires des rois mérovingiens*, pl. 6, n° 6.

[2] Conbrouse, dans les *Monétaires*, donne, sous les n°° 1 et 2 de la pl. 6, deux tiers de sou de Clermont, au nom d'*Eodicius;* ils diffèrent des exemplaires ici décrits.

de la Société de Numismatique, t. VII (1883), p. 49,
et pl. III, n° 6. Le type du revers a été inspiré par une
monnaie romaine analogue à celle de Théodose III
qui présente, au revers, deux soldats affrontés [1].

14. : **LEVCDGIS MONETA**. Buste diadémé, de profil
à droite.

℞ **CHARIBERTVS RE**. Calice surmonté d'une croix.
Tiers de sou d'or. Poids : 1,13. (Pl. II, 19.)

Ce tiers de sou du roi Caribert, évidemment frappé
à Banassac, est mieux conservé que l'exemplaire
publié par MM. d'Amécourt et de Moré dans l'*Annuaire*, t. VII, p. 185, n° 54, et pl. XI, n° 3.

Il est certain que le roi Caribert, dont le nom est
inscrit sur cette monnaie, n'est pas Caribert Ier, fils
de Clotaire. Car en 561, à la mort de Clotaire Ier,
le Gévaudan fut attribué à Sigebert, roi d'Austrasie.
Nous savons par Grégoire de Tours [2] que ce prince
établit comte dans la ville de Javouls un certain
Palladius.

Il s'agit donc de Caribert II (628-630), fils de
Clotaire II, à qui son frère Dagobert Ier, pour lui per-
mettre de vivre, céda quelques pays sis entre la
Loire et la frontière d'Espagne. Les monnaies de
Caribert, frappées à Banassac, sont des documents
historiques de première importance.

En effet, elles permettent de compléter un passage
de Frédégaire. Cet historien nous dit [3] qu'en vertu
du traité conclu entre Dagobert et Caribert, celui-ci
obtint le Toulousain, l'Agenais, le Périgourdin, la

[1] Sabatier, *Monnaies byzantines*, pl. V, n° 14.
[2] Greg. *Hist.*, éd. Arndt, l. IV, c. 39; éd. Omont, p. 129.
[3] Frédégaire, l. IV, c. LVII, éd. Monod, p. 143.

Saintonge et toute la région comprise entre ces pays et les Pyrénées. Il ajoute que Caribert s'empara de toute la Gascogne. Puisque le nom de ce roi paraît sur des monnaies du Gévaudan, il faut croire qu'il étendit aussi ses possessions vers le Nord-Est.

Il me semble difficile de décider si les *triens* de Caribert à Banassac sont des monnaies royales, c'est-à-dire si elles ont été frappées par ordre du fisc, ou bien si, au contraire, elles ont été émises pour le compte de l'église Saint-Martin de Banassac. On peut admettre que cette basilique ait été placée sous la protection royale et qu'elle ait fait inscrire sur ses pièces le nom du souverain en signe de déférence. La présence du calice sur une monnaie n'est-il pas l'indice naturel d'une origine ecclésiastique? Sans doute. Mais on pourrait prétendre que Caribert, faisant frapper monnaie à Banassac, avait intérêt à adopter un type qui avait cours dans ce pays.

Quand je dis que le calice a été un symbole propre aux églises, m'opposera-t-on les monnaies à la légende *Gavalorum* et au calice? Elles ont sans doute été frappées à Javouls; faut-il donc les attribuer à l'église de cette cité? Pas du tout, car ces *triens*, à en juger par leur style [1], sont postérieurs à la plupart de ceux de Banassac. Il est naturel que les monnayeurs de Javouls aient gravé sur leurs pièces un type qui, en raison de l'abondance du monnayage ecclésiastique de Banassac, devait être familier aux habitants du Gévaudan. Il n'en reste

---

[1] *Annuaire de la Société de Numismatique*, t. VII, pl. III, 2ᵉ groupe.

pas moins vrai qu'originairement et en général, le calice a dû être un type monétaire particulier aux églises. Saint-Martin de Banassac n'est pas la seule basilique qui l'ait employé. On le retrouve sur les deniers de l'église de Sens.

15. **NOVO VICO FI·** Buste diadémé, de profil à droite.

℞ **+ LEDARIDO MO·** Croix.

Tiers de sou d'or. Poids : 1,15. (Pl. II, 20.)

Ce *triens* a été acquis du Père de la Croix. Il a été publié dans la *Revue Numismatique*, année 1888, p. 472, par M. Espérandieu, qui ne s'est pas prononcé sur son attribution. Le monnayeur *Ledaridus* est le même que *Leodaredus* qui a signé un tiers de sou de *Novo vico* indiqué par M. de Ponton d'Amécourt, dans son *Essai*, p. 131, et où ce numismatiste a lu à tort *Leobaredus*.

Le grand nombre de villages français dont le nom dérive de *Novus vicus* rend fort difficile l'attribution des tiers de sou qui portent la légende *Novo vico*.

La monnaie de *Ledaridus*, si elle n'est pas d'un style très différent de celui qui caractérise les espèces poitevines, rappelle cependant beaucoup plus les tiers de sou limousins. Ainsi, la tête présente le même dessin que celle du *triens* de Limoges, du monnayeur *Daulfus* [1], et encore celle d'un autre *triens* de la même ville signé par *Ascarico* [2]. Le style de la tête du triens de *Ledaridus* rappelle aussi le style des têtes gravées au droit de plusieurs mon-

---

[1] Deloche, *Description des monnaies mérovingiennes du Limousin*, n° 5.

[2] Deloche, n° 7.

naies qui toutes ont été certainement frappées en Limousin : celles de *Spaniaco, Montiniaco, Salviaco* [1].

C'est donc en Limousin qu'il faut chercher l'atelier d'où est sorti notre tiers de sou. Il y a dans cette région trois villages entre lesquels nous hésiterons : Neuvic d'Ussel [2], Neuvic [3], dans l'arrondissement de Limoges, et Nouic [4] dans l'arrondissement de Bellac. Je m'arrêterais plus volontiers à ce dernier village. C'est à cette localité que M. Deloche a donné les tiers de sou de *Novo vico* du monnayeur *Flaulfus* [5]. Comme elle se trouvait sur la voie romaine de Limoges à Poitiers, la découverte de notre *triens* dans cette dernière ville s'explique très bien.

Il existe cependant des monnaies de *Novo vico*, qui, à n'en pas douter, ont une origine poitevine ; ce sont celles que les monnayeurs *Fridricus, Theodoricus, Teodiricus* ont signées et qui sont décrites et figurées dans l'ouvrage de M. de Ponton d'Amécourt intitulé *Monnaies mérovingiennes du Cenomannicum*, sous les n°s 96, 97 et 98. Elles ont une très grande analogie avec deux monnaies d'Ardin et certaines monnaies de *Tidiriciacum*. Je propose de les attribuer à Neuvy-Bouin [6].

M. de Ponton d'Amécourt a réclamé pour Neuvy, dans la Sarthe, arrondissement du Mans, canton de Conlie, tous les tiers de sou de *Novo vico* trouvés

[1] Deloche, n°s 26, 70, 79.
[2] Chef-lieu de cant. de l'arr. d'Ussel dans la Corrèze.
[3] Haute-Vienne, cant. de Châteauneuf.
[4] Haute-Vienne, cant. de Mézières.
[5] Deloche, n°s 77 et 78.
[6] Deux-Sèvres, arr. de Parthenay, cant. de Secondigny.

jusqu'à présent [1]. Il convient, croyons-nous, de ne laisser à ce bourg que ceux des monnayeurs *Thuevaldus* ou *Thevaldus*, *Audolinus* et *Domolo*. En effet, la pièce signée *Thuevaldo*, qui, dans le livre de M. d'Amécourt, porte le n° 100, est assez semblable au *triens* frappé au Mans par le monnayeur *Mellio* [2]; quant à la monnaie d'*Audolinus*, elle est dans un rapport de style très étroit avec les monnaies de Ballon (*Balatonno*) [3] et avec celles de *Bellofaeto*, que j'attribue non pas à Fyé, comme M. d'Amécourt [4] le fait, mais à Beaufay, dans la Sarthe. Ces trois localités, Neuvy, Ballon et Beaufay, sont très voisines. Les *triens* de *Domolo* sont très barbares, d'une époque basse; d'où il résulte que leur attribution n'est pas certaine.

Reste le tiers de sou du monnayeur *Launulfus*, publié par M. B. de Kœhne. Sur son lieu d'émission je ne puis me prononcer, car il est d'un type qui a eu cours à la fois dans le Maine, l'Orléanais et la Touraine.

Les deux deniers suivants, de Poitiers, ont été acquis à la vente Hoffmann; ils portaient les n°ˢ 194 et 196; le premier provenait de la collection Gariel et a été décrit sous le n° 478 du catalogue de vente.

16. ✠ RACIO ECLISI. Buste diadémé, de profil à droite.

---

[1] *Monnaies mérovingiennes du Cenomannicum*, p. 163.
[2] P. d'Amécourt, *Monnaies mérovingiennes du Cenomannicum*, n° 8.
[3] P. d'Amécourt, *Ibid.*, p. 97.
[4] P. d'Amécourt, *Ibid.*, p. 107.

℞. **FRIDRICS.** Croix.

Denier d'argent. Poids : 1,20. (Pl. II, 21.)

17. **PECTAVS CI.** Buste diadémé, de profil à droite.

℞ **ARINOBERTO** rétrograde. Dans le champ, monogramme de **AR** retourné, dans un cercle perlé.

Denier d'argent : Poids : 1,11. (Pl. II, 22.)

Le style de la tête n'est pas la seule chose qui rende certaine l'attribution à l'église de Poitiers de la première de ces deux monnaies. Il y avait à la vente Hoffmann, sous le n° 195, un autre denier du même monnayeur **FRIDIRICO** qui au droit portait en toutes lettres **PECTAVIS.**

On a déjà beaucoup discuté sur le sens du mot *ratio* dans les formules *ratio talis ecclesiæ, ratio fisci, ratio domini.* Les significations du mot *ratio,* encore qu'elles se rattachent toutes à l'idée de *compte,* sont tellement variées qu'il est difficile de fixer le sens qu'on lui donnait aux vii° et viii° siècles en l'inscrivant sur les monnaies. M. A. de Barthélemy pense que, dans l'espèce, *ratio* doit se traduire par domaine [1].

Il appuie son opinion sur des textes de l'époque carolingienne. Mais, puisque les barbares ont emprunté à l'empire romain leur organisation, ne convient-il pas aussi de tenir compte du sens donné au mot *ratio* dans les textes de l'époque romaine [2]?

Ratio, dans la langue officielle de l'empire, dési-

---

[1] Voyez *Revue archéologique,* nouv. série, t. XI (1865), p. 7.

[2] Nous ne pouvons étudier ici toutes les significations données au mot *ratio* et au pluriel *rationes* dans les inscriptions et autres documents de l'époque impériale. On peut voir à ce sujet : Marquardt, *Rœmische Staatsverwaltung.*

gnait généralement une administration et les bureaux de cette administration. Des briques fabriquées pour le compte de l'administration du domaine impérial portent la marque RATIONIS PATRIMONII [1]. Il est impossible de n'être pas frappé de l'analogie qui existe entre cette inscription et la légende RATIO FISCI des monnaies mérovingiennes.

L'expression *ratio fisci* que nous lisons sur les monnaies mérovingiennes n'était pas nouvelle au vii⁰ siècle. Les fonctionnaires attachés à l'administration du trésor et des domaines impériaux étaient dits ordinairement *a rationibus*. Toutefois, dans une inscription, un certain Marcus Julius Felix se qualifie *ab ratione fisci* [2]. Je trouve encore *ratio fisci* dans une inscription contemporaine de Marc-Aurèle, qui relate des lettres écrites par un affranchi impérial *a rationibus*, au sujet de vexations dirigées par les magistrats de *Sæpium* et de *Bovianum*, contre les conducteurs de troupeaux faisant partie du domaine impérial. L'affranchi demande à ce que les préfets du prétoire prient les magistrats de mettre fin à ces abus afin que l'administration du Trésor ne soit pas lésée. « *Ut ratio fisci indemnis sit.* » Plus loin, *res dominica* remplace *ratio fisci* : « *Ne res dominica detrimentum pateretur.* » Le rapprochement de ces deux expressions est pour nous très intéressant. Les employés de la *ratio fisci* administrent le domaine impérial, *res dominica*. Il n'est pas surprenant que plus tard nous trouvions sur les monnaies de l'é-

[1] Voyez Descemet, *Inscriptions doliaires latines*, p. X, note 2; p. XI; p. 134.
[2] Wilmanns, n° 1354.

poque franque tantôt *ratio fisci*, tantôt *ratio domini*.
Ce sont deux formules synonymes.

M. de Barthélemy a cité [1] un texte de Grégoire de
Tours [2] où le sens du mot *ratio* semble être *revenus*.
Il s'agit d'un évêque dont les trésors ont été confis-
qués. « Quæ autem de *tributis* aut *reliqua ratione
ecclesiæ* inventa sunt. » Il est évident qu'on distingue
ici entre l'argent provenant du tribut, c'est-à-dire
de l'ancien impôt romain, et l'argent provenant des
autres revenus de l'église, c'est-à-dire des revenus
que l'église percevait comme propriétaire. Ainsi
ratio désigne ici non plus l'administration, mais
l'objet de l'administration.

Grégoire de Tours, il est vrai, était presque le
contemporain des monnaies qui nous occupent. Mais
Grégoire est un historien, un littérateur. Et tel mot
qui, dans la langue littéraire, a un sens un peu vague
prend, dans la langue administrative, un sens très
précis. Malgré la distance dans le temps qui sépare
les textes épigraphiques que nous avons cités de nos
légendes monétaires, il est cependant très légitime
de rapprocher ces deux espèces de monuments, et
de faire servir les premiers à l'interprétation des
seconds. Textes épigraphiques et légendes monétaires sont en effet des documents officiels de même
nature, émanés de deux administrations qui se sont
succédé.

Pour conclure, les formules *ratio fisci* et *ratio domini*, d'une part, *ratio ecclesiæ (talis)*, d'autre part,

---

[1] *Revue archéologique*, nouv. série, t. XI, p. 8, note 2.
[2] Greg. *Histor.*, X, 19.

inscrites sur les tiers de sou ou les deniers, désignent,
les deux premières, l'administration du domaine
royal, la seconde, l'administration d'un domaine
ecclésiastique, et indiquent que les monnaies ont été
frappées soit par ordre des officiers du fisc avec le
métal du fisc, soit par ordre d'une église avec le
métal provenant de ses revenus.

18. **ANTEBRENNACO.** Buste de profil à droite.

℞ **EBROALDO OM** (pour *Ebroaldo mo*). Personnage debout, regardant à gauche, tenant de la main
droite une haste; dans le champ, à droite, un globule le champ entouré d'une couronne de feuillage.

Tiers de sou d'or. Poids : 1,13. (Pl. II, 23.)

Le type du revers de ce *triens* est copié sur le type
du personnage particulier au monnayage de Clermont.

19. ✠ **AN[T]EBRINNAC VI.** Buste diadémé, de profil à droite.

℞ ✠ **LEVDINO MO.** Croix chrismée, accostée de
quatre globules placés dans les cantons 2, 3 et 4 de
la croix, et le quatrième sous le pied de la croix.

Tier de sou d'or. Poids : 1,14. (Pl. II, 24.)

C'est le tiers de sou d'or qui, dans le catalogue
Gariel, porte le n° 362 et, dans le catalogue Hofmann, le n° 144.

Les deux tiers de sou qui précèdent ont été frappés
à Ambernac, dans la Charente. D'après M. Longnon[1],
Antebrinnacus était dans le Poitou et, pour préciser
davantage, dans le *pagus Briocensis*, sur les limites
de l'Angoumois.

----

[1] *Atlas historique de la France*, texte, p. 148.

Les formes *Antebrinnaco* et *Antebrennaco* ne sont pas les seules que fournissent les monnaies mérovingiennes. Sur un tiers de sou de la collection Dassy [1], on lisait *Andebrenacu*. Tous les noms de lieux terminés par le suffixe *ac*, à l'origine desquels on a pu remonter, ont pour racine un nom d'homme, latin, gaulois ou franc. *Antebrinnacum* ou *Andebrenaco* ne doit pas faire exception. Le préfixe *Ande* a une physionomie gauloise ; on le retrouve dans des noms d'hommes, tels que *Andebrogirix*, *Anderex*, *Andelipa*, et dans plusieurs ethniques, tels que *Andecavi*, *Andematunum*, *Anderitum* [2]. En second lieu, la syllabe *brinn*, *brenn* est singulièrement analogue au mot qui, chez certains peuples de la Gaule, désignait le chef et que les latins ont rendu par *brennus*. Aussi n'est-il pas étonnant que des noms propres se soient formés sur ce thème. C'est ainsi que chez nous des personnes s'appellent *Leroy*, *Lempereur*. Je ne crois donc pas téméraire d'ajouter *Andebren* à la liste, si courte, des noms d'hommes gaulois révélés jusqu'ici par la numismatique.

MAURICE PROU.

---

[1] Catalogue de vente (1869), n° 247.

[2] Voyez *Liste des noms présumés gaulois tirés des inscriptions*, dans *Revue celtique*, t. III, p. 97 ; Ch. Robert, *Quelques noms gaulois*, dans *Bulletin épigraphique*, t. I (1881), p. 150 ; Zeuss, *Grammatica celtica*, 2° édit., p. 867.

www.ingramcontent.com/pod-product-compliance
Lightning Source LLC
LaVergne TN
LVHW012110030726
842523LV00002B/831